AF284634

„Mein liebes Kind, ich liebe dich und werde dich nie allein lassen, erst recht nicht in Nöten und Schwierigkeiten. Dort, wo du nur eine Spur gesehen hast, da habe ich dich getragen."

Aus „Spuren im Sand", Margaret Fishback Powers

Rebecca Neuklamm

An deiner Hand möchte ich gehen...

Auf der Suche nach Halt – Gedichte und Texte

1. Auflage, 2022

© Rebecca Neuklamm – alle Rechte vorbehalten.

Herstellung und Verlag: BoD – Books on Demand, Norder-
stedt

ISBN: 9783756203840

Inhaltsverzeichnis

Sicherer Ort

Aus meiner grauen Welt denk ich mich fort,
fort an meinen eigenen, sicheren Ort.
Weit weg von Verzweiflung und Einsamkeit;
weg von der schmerzenden Wirklichkeit.

Umgeben von einem dichten Wald
mach ich an der sonnigen Lichtung Halt.
Mit weichem Moos ist der Boden bedeckt,
manch nervige Tierchen sind gut versteckt.

Ein sauber gestapelter Holzbeig lädt ein,
angelehnt an diesem Platz zu verweilen.
Mit jedem Schritt im weichen Moos
Lass' ich die Anspannung des Alltags los.

Am Stapel aus Holz setz ich mich nieder,
begrüßt werd ich vom Schimmel mit sanftem Gewieher.
Der große Hengst war der Helfer in Not,
vor zwei Jahrzehnten - sonst wär' ich längst tot.

Mit seiner Kraft und seiner Sanftmut
tröstete er und zähmte die Wut.
Die Wut auf mich, den Vater, den Bruder.
So lief es zumindest nicht ganz aus dem Ruder.

Doch irgendwann konnte er nicht ersetzen,
was Familie und „Freunde" so sehr verletzten.
Der Hengst blieb die Jahre dennoch bei mir
und zog an dies kleine Fleckchen hier.

Dort fand ich ihn wieder, den vergessenen Freund,
als ich in der Krise den Ort hier erträumt'.
Gemeinsam machten wir den Platz zu dem,
was ich mir an Sicherheit so sehr ersehn'.

So waren im schützenden Waldeskreis
ein paar liebe Vertraute, die die ganze Zeit leis'
patrouillierend diese Lichtung bewachten.
Der Hengst derweil innen Geborgenheit brachte.

Doch dann störten heftige Gewitter die Ruhe!
Zerstört war in Kürze die ganze Mühe.
Das Unwetter vorbei – der Wald war leer.
Verschwunden war mein kleines, so wichtiges Heer!

Von den Jahren des Kampfes ausgezehrt,
hat sich der Schimmel zunächst gewehrt.
Hat dann seine älteste Pflicht übernommen
Und die nötige Wache am Waldrand begonnen.

Das Moos wurde langsam wieder trocken.
So kann man jetzt wieder am Holzbeig hocken.
Es ist ein sicherer, geschützter Ort,
Aber die Wärme fürs Herz – die ist nun fort.

(August 2019)

Mögen...

Mögen Hände dich halten,
auf dem Weg durch dieses Jahr.
Möge Glück dich begleiten
und Wünsche werden wahr.
Mögen Ohren dich hören
in Freude, Glück und Leid.
Mögen Augen dich sehen
in schwarzer Dunkelheit!

Mögen Kerzen dich wärmen
in dieser trist-kalten Zeit.
Und dir helles Licht entsenden,
das als Hoffnungsschimmer bleibt.
Möge die Sonne dir scheinen
durch dichte Nebelschwaden.
Und Regenbogen sich zeigen
an nassen Regentagen.

Möge uns're Liebe dich stützen
auf diesem schweren Weg.
Der Herrgott dich schützen;
egal, wohin es geht!
So werden uns're Gedanken
immer bei dir sein!
Mögest du Kraft daran tanken.
Du bist nicht allein!

(3. Januar 2021)

In dankbarer Erinnerung an meinen Schwiegerpapa (+ Februar 2021)

Offene Fragen

Ich denke an dich. Regelmäßig.
Und stelle dir Fragen.
Wie ging es dir damals?
Warst du auch so müde?
Müde vom täglichen Kampf?
Müde von den ständigen Rückschlägen?
Müde vom Alltag?
Haben dich deine Töchter auch immer wieder „in den Wahnsinn" getrieben?
Warst du hin und her gerissen zwischen dem Wohl deiner Familie und deinen eigenen Bedürfnissen?
Warst du einerseits die liebende Mutter – fürsorglich, verständnisvoll, immer da – andererseits die Frau, die Tag für Tag gegen ihre Erkrankung kämpfen muss?
Hattest du auch das Gefühl, Hilfe zu brauchen, aber nicht zu wissen, wie die aussehen soll?
Hattest du Angst davor, ins Krankenhaus zu müssen, wenn klar wird, wie es dir geht?
Kanntest du dieses Gefühl, der Familie gegenüber wieder einmal versagt zu haben?
Haben dich deine Kinder tagtäglich wieder an deine Verantwortung erinnert?
Und hattest du gleichzeitig das Gefühl, für deine Familie eine unglaubliche Last zu sein?
Waren sie vielleicht auch manchmal der Auslöser für die Zeiten, in denen es dir schlecht ging?
Und hattest du deswegen auch so ein schlechtes Gewissen?
Wolltest du einfach schwach sein dürfen? Dich fallen lassen dürfen?
Wolltest du nur einen Ausweg finden? Irgendeinen?

Einen Ausweg, aus diesem nie enden wollenden Sumpf?
Kanntest du diese Momente, ausbrechen zu wollen?
Einfach nur weg von all diesen Gefühlen und den Erwartungen anderer?
Und war dies einer dieser Augenblicke?
Geplant?
Oder pure Verzweiflung?
War es der Versuch, auszubrechen, als du das Auto gegen den Baum rasen hast lassen?

Auf all diese Fragen wirst du mir niemals antworten können, liebe Ramona.

Zwei Monate vor deinem Tod haben wir uns noch unterhalten. Als Patientinnen mit einer gemeinsamen – wenn auch kurzen – Geschichte in der Psychiatrie ... und als Mütter. Stellten fest, dass wir sogar beruflich miteinander zu tun gehabt hatten.
Wir wollten uns mal in Ruhe treffen. Ratschen.
Dazu kam es nicht mehr.
Es gab ein paar kurze Dialoge über WhatsApp.
Dann wurde es ruhig.
Drei Wochen nach deiner letzten Nachricht, wusste ich, warum.

Deine Todesanzeige war ein Schock.

Ich wurde von einer Therapeutin gefragt, ob ich wütend sei.
Und ich fragte im Stillen: WARUM?
Warum sollte ich wütend sein?
Warum sollte ich dich verurteilen?
Warum sollte ich etwas verurteilen, was ich selber schon vorgehabt hatte? Ja, sogar schon mehrmals versucht hatte?

Nein, nicht wütend!

Was ich fühlte, war Mitleid.
Mitleid mit deiner Familie, vor allem deinen zwei Töchtern.
Mitleid mit dir, dass der Leidensdruck so groß geworden
war, dass dir scheinbar niemand mehr helfen konnte.
Mitleid mit all denen, die dich mochten und die einen
lieben Menschen verloren haben.

Aber ... so falsch es nach außen hin vielleicht sein mag:
Ich habe dich verstanden – und ich verstehe es noch
immer.

Ruhe in Frieden!

(für eine Mitpatientin, die sich im Sommer 2018 das Leben nahm)

An Deiner Hand

An Deiner Hand möchte ich gehen
Auf dem unbezwingbaren Weg.
Deine Spuren bei mir sehen,
wenn der Nebel um mich weht.
An deiner Hand möcht ich mich halten,
wenn mir droht der freie Fall.
Und müh mich, die meinen zu falten,
hoffend, Du bist überall.

Doch statt Wärme, Schutz, Getragensein,
statt führender Spur und haltender Hand,
spür ich nur Kälte, Panik, Verlorenheit,
den Wunsch zu fallen über des Abgrunds Rand.
Wertlos mein Leben – mein Tod kein Verlust!
Angst und Scham werden doch nie verschwinden.
Keine Hand die mich führt durch den tiefen Schmutz.
Was ich suche, werd ich eh niemals finden.

(27. Februar 2021)

Vor der Silhouette von St. Joseph

Kalter Morgen, Dunkelheit.
Stille macht sich hier noch breit.
Nur leises Knistern der warmen Flammen.
Weiche Wärme kriecht durch die klammen
Kleider bis tief ins Herz hinein.
Immer mehr Schatten treffen ein.
Nur leises Flüstern ist zu hören,
Ganz leis', um den Moment nicht zu stören.
Am Horizont übernimmt der Himmel das Rot
der am Boden wärmenden, leuchtenden Glut.
Zauberhaft stärkend, ein Moment voller Macht
In dieser einzigartigen Osternacht.

(04.April 2021)

In Erinnerung an die Osternacht 2011, Speyer

Frühling

Langsam schleicht die Kälte weg,
der Schnee wird von warmen Strahlen
sanft und heimlich aufgeschleckt.
Plötzlich blühen bunte Krokus-Scharen!
Vögel zwitschern und singen munter.
Das Grün der Gräser wird frisch und hell.
Alles wird wacher, heller, bunter!
Die Knospen der Bäume schießen so schnell,
dass man gar nur kann staunen.
Leise hör ich den Wind zu mir raunen:
„Nun sind's keine kahlen Äste mehr über dir
sondern die frischen Blätter vom Baume."
Der Baum als einziger Halt im Jetzt und Hier:
Kräftig und hart - sanft und weich.
Ein von der Sonne gewärmter Stamm,
an den ich mich anlehnen und zugleich
einsam, vergessen dort sterben kann.

(20. März 2021)

Wozu?

Wozu schlafen, wenn Träume nur quälen?
Wozu wach sein, wenn die Dunkelheit bleibt?
Wozu weinen die sinnlosen Tränen?
Wozu laufen, wenn das Ziel viel zu weit?

Wozu lieben, wenn's am Ende nur weh tut?
Wozu sagen: „ich habe dich gern!" ?
Wozu lachen, wenn doch siegt die Schwermut?
Wozu beten, wenn Gott scheint so fern?

Wozu laufen, wenn man eh wieder hinfällt?
Wozu reden, wenn die Worte sind leer?
Wozu suchen, was man doch niemals findet?
Wozu leben, wenn das Leben so schwer?

(29. Mai 2021)

Herr, nimm meine Hand

Herr, nimm meine Hand und führe mich
durch diese schwere Zeit!
Ich weiß nicht weiter, ich brauche dich,
der Weg ist viel zu weit.

Ich fühl' mich verlassen in meiner Not,
find' keine Hand, die hält!
Sehe als Lösung nur noch den Tod
Weil mein Inneres mich so quält.

Herr, ich flehe dich verzweifelt an,
bitte halte mich einfach nur fest!
Und wo ich nicht mehr laufen kann,
trag' mich doch bitte den Rest!

Verzeih, dass ich mein Leben nicht ehre
obwohl es von dir doch beschert!
Statt Dankbarkeit fühl' ich nur tiefe Leere.
Dies Geschenk bin ich einfach nicht wert.

Herr, nimm meine Hand und halte mich,
schütz' mich vor freiem Fall.
Ich schaff's nicht allein – ich brauche dich,
auf dem Weg durchs tiefe Tal.

(29. Juni 2021)

Fühlen...

Ein Wort, das mich nervt.
Ein Zustand, der mich wahnsinnig macht.
Eine Begebenheit, die mein gesamtes Leben einnimmt,
durcheinanderwirbelt, auf den Kopf stellt – und früher
oder später auch beenden wird.

Fühlen, spüren, empfinden – nein, es ist ein „überrollt
werden". Von einer Vielzahl an Emotionen in einer Stärke,
die kaum auszuhalten ist.
Dabei geht es nicht einmal nur um die – landläufig als
„negativ" bezeichneten – Gefühle.
Es ist eigentlich ALLES! Das warme Wasser in der Bade-
wanne, die Kleidung am Körper, die Anstrengungen bei
jeder Form der Bewegung, Schmerzen, Erschöpfung,
Atmen müssen, Hunger haben ... genauso wie die unstill-
bare Sehnsucht nach Geborgenheit, die tiefe, unheilbare
Einsamkeit und die schwarze, erdrückende Traurigkeit.
Dazwischen Resignation, Hoffnungslosigkeit, Wut, Hass,
Ekel, Angst, abgrundtiefe Scham. Aggressionen, die den
Brustkorb zersprengen, Überforderung, die mir die Knie
weich werden lässt und die Füße wegzieht.
Irgendwo ganz tief unten in diesem zähen Sumpf gibt es
dann auch die Gefühle, die eigentlich gut und teilweise
auch schön sein sollten: Mitgefühl, Liebe, Zuversicht,
Freude, Motivation, Kampfgeist, Schaffenskraft, der Glaube
an Gott.
Doch auch diese sind, wenn sie denn überhaupt mal in
Erscheinung treten, so intensiv und überwältigend, dass es
unerträglich wird.

Entweder ich fühle – dann aber mit aller Wucht – oder ich sehe alles nur hinter einer Glasscheibe. Ein Mittelmaß scheint es nicht mehr zu geben.

Digitales System: An oder aus.

„Aus" bedeutet:

Ich sehe eine emotionslose Reportage dessen, was gerade passiert. Mein Mund verzieht sich zu einem Lächeln, wenn der Kopf sagt, dass in diesem Moment Lächeln angebracht wäre. Unberührt schauspielere ich die Emotionen, die von außen erwartet werden.

„An" dagegen:

Es stürmt eine Vielzahl der verschiedensten Gefühlsregungen auf mich zu; mal alle gleichzeitig, mal nur ein einziges Vorherrschendes, dem der Rest dann folgt.

Eine riesige Welle überrollt mich, reißt mir die Füße vom Boden, wirbelt mich in sich umher, bis ich orientierungslos bin. Gewaltige Kräfte wirken auf mich ein, drücken mich hinunter, so dass ich es nicht schaffe, aufzutauchen. Ich kann nicht atmen, reiße verzweifelt die Hände nach oben, in der Hoffnung, es greift jemand danach – vergeblich.

Und plötzlich ist der Spuk vorbei. Irgendwann werde ich ausgespuckt und liege auf dem Boden.

Stille. Das große „Nichts".

Denn was auf diese Welle ausnahmslos immer folgt, ist eine unbarmherzige Leere.

Bis die nächste Welle kommt …

(14.Juli 2021)

Engel des Alltags

Flügel haben sie keine
und auch kein weißes Gewand.
Auch ohne Heiligenscheine
sind sie uns manchmal gesandt.

Ein kurzes strahlendes Lachen,
wenn alles im Dunkeln ertrinkt.
Statt Reden ein führendes Machen.
Handeln, bevor das Schiff sinkt!

Ein Anruf in letzter Sekunde,
verhinderte einst meinen Tod.
Manch' Zeilen in dunkler Stunde
linderten innere Not.

Vertraute Menschen die sagen:
„Komm mit, du bist nicht allein!"
Die vorsichtig hinterfragen,
was anderen nichtig erscheint.

Eine warme Stimme, die erdet.
Die sagt: „Jetzt ist es vorbei!"
Wenn Altes so grausam sich meldet,
sagt sie leis': „Ich bin mit dabei!"

Sie opfern Zeit, um zu reden,
wenn die Einsamkeit nimmt überhand.
Schenken Kerzen, Gedanken, Gebete.
Erwarten meist nicht einmal Dank.

Mal schnell entdeckt – mal unsichtbar.
Nicht immer klar zu erkennen.
Doch herzerwärmend und wunderbar:
Diese irdischen Alltagsengel!

(Oktober 2021/März 2022)

Möge... (2)
Ein Abschiedssegen

Möge Gottes Hand dich halten
auf dem Weg durch jedes Tal.
Möge Glück dich begleiten
und Gebete werden wahr.
Mögen Ohren dich hören
in Freude, Glück und Leid.
Mögen Augen dich sehen
in tiefer Dunkelheit.

Mögen Kerzen dich wärmen
in dieser trist-kalten Zeit;
dir Gottes Licht entsenden,
das als Hoffnungsschimmer bleibt.
Möge die Sonne dir scheinen
durch dichte Nebelschwaden;
ein Regenbogen sich zeigen
an nassen Regentagen.

Möge Gott dich stets führen,
was auch immer vor dir liegt.
Und öffnen dir die Türen,
die sonst noch niemand sieht.
Möge seine Kraft dich tragen,
wenn du selbst sie nicht mehr hast.
Gott schütz' dich alle Tage,
bis einst kommt die letzte Rast.

(März 2022)

Lebensbuch

Abgenutzt, schäbig, verdreckt.
Manch verlorene, einzelne Seite
nur achtlos zwischen rein gesteckt.
Ich halt' es verzweifelt – und weine.

Ich habe versucht, dies' Buch zu flicken
In langer, schmerzhafter Schwerstarbeit.
All die Seiten zu ordnen, Löcher zu kitten;
doch geht der Schaden schon weit.

So versuch' ich kraftlos das letzte Kapitel
auf die zerrissenen Seiten zu schreiben.
Ein paar letzte Sätze als mögliches Mittel,
zu erklären dies' endlose, quälende Leiden.

Ein letzter Absatz. Ein letzter Satz.
Ein letzter Punkt, bevor ich schließe.
Lege den Stift an seinen Platz.
Wünschend, dass Gott mich sterben ließe.

(8. April 2022)

Dank...

An meine Familie, die mich und meine unausstehlichen Seiten Tag für Tag ertragen mussten, die Angst um mich hatten und um mein Leben bangten und mir trotzdem immer wieder zeigten, wie sehr sie mich lieben.
Ich liebe euch drei!

An D.W. dem ich eine zusätzliche Strophe zu verdanken habe – und noch so viel mehr. Ein Mensch, den ich wohl niemals wieder sehen werde, der aber sehr tiefe Spuren hinterlassen hat.

An F.N., der mich nicht hängen ließ. Selbst dann nicht, wenn ich in meiner Verzweiflung um mich schlug; der da war, wenn ich am wenigsten damit rechnete.

An Pfarrer H. für seine Zeit, seine geistlichen aber auch weltlichen Impulse und die guten Gespräche.

An meine beste Freundin S., die immer im Hintergrund da war. Meine Launen akzeptierte, mein Stillwerden immer richtig deutete.

An all jene, die mir den christlichen Glauben näher brachten.

An diejenigen, die trotz schwerer Zeiten an mich glaubten und Hoffnung hatten.

An Gott: dafür, dass ich langsam den Weg zu Dir finden durfte und in wenigen kleinen Momenten deine Anwesenheit spüren konnte.
Ob das genug war...?